Género Ficción realista

I0799124

Pregunta esencial

¿Cuáles son algunos de los mensajes en los cuentos de animales?

Una gorila amorosa

Lina Patricia Cruz
ilustrado por Juan Carlos Ricardo

Capítulo 1

Los gorilas

Juan y Teresa vivían en una ciudad pequeña con sus padres, Jorge y Paula, y su perro, Bruno. Sus padres tenían una tienda de animales. A los niños les encantaban los animales. En las tardes, luego de hacer la tarea escolar, Juan y Teresa iban a la tienda y ayudaban a sus padres en diferentes tareas.

A Juan le gustaba alimentar a los peces y las aves. Teresa prefería cepillar a los perros y ponerles adornos en el pelo. El perro era su animal doméstico preferido. Por eso adoraba a Bruno. Y entre los animales salvajes, el preferido de los dos niños era el gorila. Siempre lo mencionaban en sus conversaciones.

Jorge y Paula habían regalado a los niños un libro sobre gorilas. Juan y Teresa aprendieron acerca de estos animales, sus costumbres, su hábitat y cómo se relacionaban entre ellos. El libro estaba lleno de fotografías multicolores.

En su habitación, los niños tenían un zoológico en miniatura. Allí guardaban su colección de figuras de animales. El lugar más lindo de su zoológico de juguete estaba destinado a los gorilas.

Una mañana, Paula les dio una noticia maravillosa a Juan y Teresa: habían comenzado a construir un zoológico en la ciudad. En unos meses estaría listo.

AHORA COMPRUEBA

¿Cuál es el animal salvaje preferido de Juan y Teresa?

Sería algo maravilloso, ¡sobre todo porque habría gorilas! Paula les prometió a los niños que visitarían el zoológico en cuanto lo abrieran. Claro, siempre y cuando obtuvieran muy buenas calificaciones en la escuela.

Los niños estaban entusiasmados.

Capítulo 2

La sorpresa

Al fin el zoológico abrió sus puertas y llegó el día de la entrega de calificaciones. Jorge y Paula recibieron la buena noticia de que sus pequeños fueron los mejores de su clase.

—Hijos, estamos muy orgullosos de ustedes —dijo Paula dándoles un gran abrazo—. Como lo prometido es deuda, aquí tengo los tiquetes para entrar al zoológico.

Los niños estaban felices. ¡Por fin conocerían a los gorilas!

Desde ese momento fue el tema de conversación, estaban ansiosos de que llegara el día para ir al zoológico. Todo era alegría y emoción.

AHORA COMPRUEBA

¿Qué les promete Paula a sus hijos si obtienen buenas calificaciones?

ZOOLÓGICO
TIQUETES
ADULTOS
NIÑOS
ADULTOS MAYORES

El día estaba soleado. La familia llegó al zoológico y comenzó su recorrido. Teresa llevaba en la mano a Susy, su muñeca favorita. Juan había ahorrado durante varios meses para darle ese regalo a su hermanita. Desde entonces, Susy acompañaba a Teresa a todas partes.

Durante el recorrido, un guía muy simpático los acompañó. Les contó curiosidades de los animales: de dónde venían, qué comían, cuántas horas dormían al día. Él sabía mucho porque había trabajado muchos años con animales.

Teresa y Juan estaban maravillados con todo lo que veían y escuchaban.

Detective del lenguaje	**La palabra subrayada es un sustantivo propio. Encuentra otros sustantivos propios en esta página.**

Capítulo 3

¿Y Susy?

Teresa estaba emocionada observando a los gorilas. Puso a Susy en el muro que rodeaba el hábitat de los gorilas. No se dio cuenta de que Susy estaba demasiado cerca del borde.

Entonces, Teresa giró una pizca y sin darse cuenta, ¡empujó a Susy! La muñeca cayó en medio del lugar donde estaban los gorilas.

Juan y Teresa se miraron con profunda tristeza. Paula habló con el guía para que les ayudara a rescatar a Susy.

Mientras tanto, Jorge intentaba tranquilizar a los niños. Estaban asustados pensando que algo terrible le podría suceder a Susy.

Los gorilas se acercaron a la muñeca. Uno de ellos, el más grande, hizo un ruido muy fuerte, como dando una orden. Los demás gorilas de la manada no se movieron. Todos permanecieron quietos observando lo que sucedía. El gorila más grande tomó la muñeca.

Detective del lenguaje

La palabra subrayada es un sustantivo común. Encuentra otros sustantivos comunes en esta página.

Juan y Teresa se taparon los ojos. Imaginaban lo peor, que por codicia se quedaría con ella. Sin embargo, el gorila buscó a una gorila que iba con su cría y le entregó la muñeca. Luego se alejó. La cría de la hembra, un bebé un tanto pelón, acarició a Susy. La madre arrulló a ambos. Los espectadores, entre ellos Juan y Teresa, se tranquilizaron y aplaudieron.

Después, la hembra les hizo una señal a los otros gorilas. Estos se acercaron para observar a Susy. Su expresión fue muy tierna.

AHORA COMPRUEBA

¿Por qué Juan y Teresa se taparon los ojos?

Capítulo 4

El rescate

Juan y Teresa estaban muy sorprendidos. Aunque habían leído muchas cosas sobre los gorilas, no se imaginaban que su comportamiento fuera así.

De repente, un joven gorila intentó quitarle la muñeca a la mamá gorila. Ella le gritó. Él se alejó asustado.

Juan le preguntó a su padre por qué el joven gorila quería agarrar a Susy. Jorge le explicó que quizá quería tener la muñeca. Por eso actuó de esa manera.

En ese momento, un niño que caminaba con la ayuda de muletas se acercó a Juan y Teresa. En tono tranquilizador les dijo:

—No hay de qué preocuparse. La muñeca está a salvo con la mamá gorila.

El niño les contó que hacía unos días había sufrido un accidente y su perra lo había ayudado.

—Mi mamá estaba en el jardín, y yo en mi cuarto jugando —continuó el niño—. Cuando tropecé con una silla, mi perra la quitó con su cabeza. Después empezó a ladrar para llamar a mi mamá. Me hizo compañía hasta que llegó. ¡Los animales son maravillosos! Protegen y ayudan a las personas.

En efecto, cuando llegó el encargado del zoológico la mamá gorila se paró y caminó con Susy entre sus brazos. Con delicadeza, se la entregó al hombre. La gorila miró a Teresa con dulzura en medio de los aplausos de la multitud. Con su actuación demostró tener un comportamiento honesto.

Desde ese día, Teresa y Juan quieren aun más a los gorilas, ¡sus animales favoritos! Y, por supuesto, la gorila amorosa se convirtió en su mayor heroína. A la salida del zoológico, Jorge les compró un gorila de juguete.

Detective del lenguaje

La palabra subrayada inicia con mayúscula; es un sustantivo propio. Encuentra otros en esta página.

ZOOLÓGICO

Respuesta a la lectura

Resumir

Usa los detalles más importantes de *Una gorila amorosa* para resumir el cuento. Usa el organizador gráfico como ayuda.

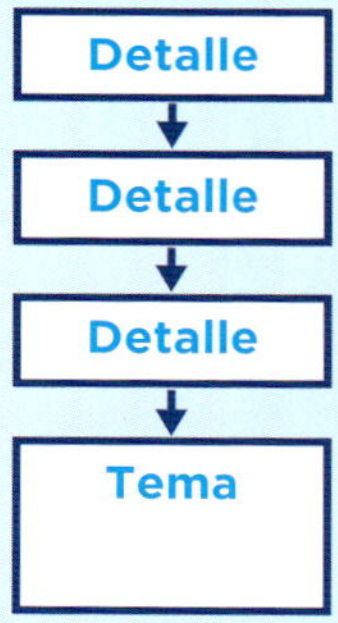

Evidencia en el texto

1. ¿Cómo sabes que este cuento es ficción realista? Identifica una característica que lo sustente. **GÉNERO**

2. ¿Qué aprendieron Juan y Teresa de los animales? Incluye dos ejemplos del texto en tu respuesta. **TEMA**

3. ¿Cuál es la raíz de la palabra *aplaudieron,* en la página 11? ¿Qué otra palabra puedes formar con esta raíz? **RAÍCES DE PALABRAS**

4. Escribe acerca del comportamiento de los gorilas de este cuento. ¿Cómo ayuda esto a transmitir el tema? **ESCRIBIR SOBRE LA LECTURA**

Género **Fábula**

Compara los textos

Lee cómo una zorra y una grulla aprenden a ponerse de acuerdo.

La zorra y la grulla

Un día, Zorra y Grulla estaban intentando cazar el mismo ratón. Zorra estaba a punto de saltar sobre él cuando Grulla atrapó con su pico al roedor, volteó su cabeza hacia atrás con rapidez y el ratón desapareció en su garganta.

—¡Hum! —dijo Grulla—. ¡Qué almuerzo tan sabroso!

Zorra se aclaró la garganta.

—En realidad, Grulla —dijo—, eso que te acabas de tragar era *mi* almuerzo.

—Yo lo atrapé primero —dijo Grulla—. Además, ya es muy tarde.

Zorra comprendió que Grulla tenía razón, pero tenía un plan para vengarse de ella.

—¿Por qué no vienes a mi casa mañana? Te invito a almorzar sopa de ratón —le dijo.

"¿Qué estará tramando esta astuta Zorra?", pensó Grulla. A pesar de su desconfianza, aceptó la invitación y al día siguiente voló hasta su guarida.

Cuando Grulla llegó, Zorra estaba preparando su sopa. Revolvía unos ratones recién atrapados en un delicioso caldo con zanahorias, cebollas y hierbas.

—¡Esa sopa sí que huele bien! —agregó Grulla.

—Y también sabe delicioso —dijo Zorra.

Sirvió la sopa en dos platos e invitó a Grulla a comer. Zorra comenzó a tomar su sopa con ruidosos sorbos.

—¡Está deliciosa, si me permites decirlo! —comentó Zorra.

Grulla quería meter la punta de su pico en la sopa, pero no podía beber porque su pico era muy largo. "Zorra se está vengando de mí", pensó.

—Esto sabe diferente a la sopa que yo preparo —mintió Grulla—. Ven a mi casa mañana y la probarás.

"Ambas sabemos que Grulla no puede probar mi sopa", pensó Zorra. "¿Qué tramará la astuta Grulla?".

Al día siguiente, Zorra corrió hasta la casa de Grulla. Dos delgadas jarras de sopa de ratón estaban esperando. Zorra trató de meter su hocico en la jarra, pero no pudo llegar a la sopa. Grulla comenzó a reír, y Zorra también.

—Me hiciste lo que yo te hice —admitió Zorra—. Vamos a cazar ratones y a preparar sopa juntas. ¡Y dejemos de hacernos trampas!

—De acuerdo —dijo Grulla—. ¡Yo llevaré mi jarra!

Zorra rio.

—Y yo llevaré mi plato —dijo Zorra.

Moraleja: Siempre hay una manera de ponerse de acuerdo con los demás, a pesar de las diferencias.

Haz conexiones

¿Qué nos enseñan los animales en *La zorra y la grulla?* **PREGUNTA ESENCIAL**

¿En qué se parecen los finales de *Una gorila amorosa* y *La zorra y la grulla*? **EL TEXTO Y OTROS TEXTOS**

Enfoque:

Elementos literarios

Imaginería La imaginería es el lenguaje descriptivo que nos ayuda a formarnos una idea mental más clara. Los escritores se valen de la imaginería para describir cómo se ven, se sienten, suenan, huelen o saben algunas cosas. Gracias a la imaginería, podemos comprender mejor un relato.

Lee y descubre En la página 4 de *Una gorila amorosa*, la autora utiliza adjetivos descriptivos para que el lector se pueda formar imágenes mentales de la habitación de Juan y Teresa. Por ejemplo, dice que el zoológico de juguete era una miniatura y que el lugar más bonito era para los gorilas. En la página 8, utiliza el adjetivo *soleado* para que el lector imagine cómo brillaba el sol ese día.

Tu turno

Elige un personaje, un lugar o un suceso de *Una gorila amorosa* o de *La zorra y la grulla*, y haz una descripción interesante valiéndote de imágenes. Escribe tu descripción y preséntala a tus compañeros.